AF498121

LE NOUVEAU
MAITRE PIERRE

OU
LE RÉPUBLICAIN DE 1848,

DIALOGUE SUR
L'ORGANISATION DU TRAVAIL

PUBLIÉ

PAR LE CLUB DES SOCIALISTES

DE DIJON.

———

Prix : 15 centimes.

———

DIJON,

LAMARCHE ET DROUELLE ÉDITEURS.

(Imprimerie Loireau-Feuchot.)

1848.

LE NOUVEAU

MAITRE PIERRE

OU

LE RÉPUBLICAIN DE 1848.

DIALOGUE SUR

L'ORGANISATION DU TRAVAIL

PUBLIÉ

PAR LE CLUB DES SOCIALISTES

DE DIJON.

DIJON,

LAMARCHE ET DROUELLE ÉDITEURS.

(Imprimerie Loireau-Feuchot.)

1848.

LE NOUVEAU
MAITRE PIERRE

OU LE

RÉPUBLICAIN DE 1848.

LE PAYSAN. Maître, la République, qui prend pour devise : *Liberté, Egalité, Fraternité*, est donc le meilleur gouvernement?

MAITRE PIERRE. Sans doute, puisque, seul, ce gouvernement s'occupe de l'intérêt de toute la nation, tandis que la monarchie, même la monarchie constitutionnelle, s'occupe avant tout de l'intérêt d'une famille, la famille régnante, et de l'intérêt des classes les plus favorisées de la fortune. Sous la République, on étudie franchement toutes les questions qui ont pour objet d'améliorer la position des citoyens les plus pauvres ; sous la monarchie, on a repoussé jusqu'à présent l'examen de toutes ces questions, pour dominer le peuple au moyen d'une fraction puissante de la nation, à laquelle appartiennent toutes les richesses et toutes les faveurs du pouvoir.

LE PAYSAN. La République de 1792 n'avait

donc pu réaliser tous ces avantages, puisqu'on nous a ramené la monarchie?

MAÎTRE PIERRE. La République de 1792 aurait pu les réaliser, mais la guerre civile et la guerre étrangère l'ont empêché de s'occuper du sort du peuple; la République de 1848, n'ayant plus à craindre les nations voisines, ni les mêmes résistances à l'intérieur, réalisera les vœux de nos pères et nous donnera le bonheur, que nous avons cherché vainement jusqu'à ce jour.

LE PAYSAN. Comment nous donnera-t-elle ce bonheur?

MAÎTRE PIERRE. Le voici. En consacrant des droits égaux, la République reconnaît que tous les citoyens doivent aspirer à être heureux. Comment pourront-ils être heureux? Ce n'est pas seulement en jouissant de tous les droits politiques, lesquels ne donnent pas du pain à ceux qui ont faim, des vêtements à ceux qui sont couverts de haillons, un abri à ceux qui n'ont point d'asile; c'est surtout en organisant la société de manière à donner à tout le monde du travail, sans lequel il n'y a ni richesse, ni moralité, ni bonheur possibles.

LE PAYSAN. Organiser la société! mais on nous a toujours dit, sous la monarchie, que c'était impossible.

MAÎTRE PIERRE. Oui, on nous l'a dit, parce qu'on ne voulait pas le faire. Eh bien! toi qui as servi, dis-moi, n'a-t-on pas organisé l'armée? Et tous les citoyens qui composent l'armée ne sont-ils pas sûrs de trouver chaque jour le logement, la nourriture, le vêtement? Tous ne sont-ils pas appelés à monter en grade, suivant qu'ils sont braves et instruits? Eh bien! tu sais qu'ils ont tous fait preuve d'amour pour la patrie, lorsque la patrie était en danger, et cela sans autre intérêt que celui de défendre leur pays, sans autre espoir de récompense que la gloire de ce pays. Et l'on a reconnu que tous ces avantages étaient dus à l'organisation de l'armée, autant qu'à la bravoure de chaque citoyen en particulier. Pourquoi? Parce que l'esprit de corps entraîne l'émulation, et que l'esprit de corps ne se produit que dans tout ce qui est organisé. Si donc on organisait la société, l'esprit de corps, en s'y développant, ferait opérer des prodiges.

Le paysan. Mais, pour organiser la société, il faudra donc nous enrôler tous, comme on le fait pour le soldat? (1)

(1) Maître Pierre, s'adressant à un homme qui a servi et voulant lui donner une idée de ce qu'il entend par organisation, prend pour exemple l'armée; mais il ne faut pas perdre de vue que le soldat, enrégimenté forcément, est soumis à une discipline de fer et à un code pénal inexorable, tandis que le travailleur, dans une société bien organisée, serait un *associé libre* et ne relèverait que de son propre intérêt, combiné avec l'intérêt collectif.

Maître Pierre. Sans doute. Il faudra des soldats en agriculture, des soldats dans l'industrie, des soldats dans l'enseignement, et ainsi de suite. Crois-tu que ton champ serait plus mal cultivé, s'il était labouré, s'il était ensemencé, s'il était moissonné par des ouvriers en quelque sorte enrégimentés, et qui, de plus, auraient intérêt à obtenir une belle récolte, comme le soldat a intérêt à voir le drapeau de son régiment sortir vainqueur d'un combat? Encore plus, car le soldat ne travaille souvent que pour la gloire, comme nous l'avons vu, tandis que l'ouvrier travaillerait à la fois pour l'honneur, pour le bien de tous et pour son avantage personnel, surtout si on le payait en raison de son travail et non pas à prix fixe.

Le paysan. Je vois. Mes ouvriers seraient mes associés; mais alors que deviendraient mes bénéfices, moi qui suis propriétaire de mon champ?

Maître Pierre. Tes bénéfices seraient plus assurés que jamais. D'abord tu prendrais une part du produit, qui représenterait l'intérêt de ton champ. Puis, le reste serait partagé entre tes ouvriers et toi, en raison du travail et de la capacité de chacun. Et comme votre part à tous serait d'autant plus grande que vous auriez mieux travaillé; comme ton champ, ayant plus été soigné, aurait donné une plus belle récolte, vous auriez d'autant plus d'argent à vous partager, [que vos produits seraient plus abondants.

LE PAYSAN. Je comprends. Après avoir pris ma part comme propriétaire, je donnerais une portion du surplus à mes ouvriers ; mais tous, n'ayant pas travaillé également, n'auraient pas droit à des parts égales.

MAÎTRE PIERRE. Evidemment non. Il serait injuste que celui qui aurait travaillé moins que les autres fût récompensé autant que les autres ; car alors ce serait à qui prendrait le moins de peine, et la part de tous en serait diminuée d'autant. Mais tu comprends que si tes collaborateurs sont intéressés à ce que tes récoltes soient abondantes, ils rivaliseront de zèle et d'activité pour les faire prospérer.

LE PAYSAN. Ainsi me voilà associé avec mes ouvriers, et je leur donnerai une part d'autant plus grande dans les bénéfices, qu'ils auront plus travaillé ou qu'ils auront montré plus d'intelligence dans l'exécution des travaux. Je comprends que mes voisins en feront autant. Je comprends que, dans l'industrie, on fasse la même chose, et alors les ouvriers des villes seront intéressés, comme ceux des campagnes, à travailler plus et à travailler mieux. Voilà qui est bien. Mais si les récoltes viennent à manquer, ou si une des entreprises d'industrie vient à se trouver en perte, que deviendront les ouvriers et les propriétaires ?

Maître Pierre. On y a songé. Au lieu de donner, comme on l'a fait jusqu'à présent, des secours qui sont toujours au-dessous des pertes, et qui, par conséquent, n'empêchent pas la ruine des maîtres et des ouvriers, on propose d'associer entre elles les différentes branches de culture et les différentes espèces d'industrie. Par exemple, un des moyens de constituer cette association consisterait à faire un prélèvement sur les bénéfices de toutes les industries, pour venir au secours de celles qui seraient en souffrance. De cette manière, les pertes seraient d'autant moins fortes, que le nombre des associés serait plus grand. C'est, en quelque sorte, une assurance générale, dans laquelle toute la nation serait intéressée, et qui garantirait à chaque citoyen le droit de vivre, car le droit de vivre est le plus sacré de tous, et c'est celui dont on s'est le moins occupé jusqu'à présent.

Le Paysan. C'est vrai ; jusqu'à présent on a laissé chacun à ses propres forces, et l'on a eu *le droit de mourir de faim*, ce qui fait la honte de nos sociétés. Mais comment assurer à chaque citoyen le droit de vivre ?

Maître Pierre. L'essentiel était de reconnaître ce droit. Déjà la République l'a constaté ouvertement, et, une fois ce droit reconnu, on ne peut manquer de trouver les moyens d'en assurer la jouissance à tous. Tu ne nieras pas, par exemple, qu'il ne fût contraire à la volonté de Dieu qu'il existât sur la terre plus d'hommes qu'elle ne saurait en nourrir. Tu ne diras pas, comme bien des gens le disent, qu'il est nécessaire qu'il y ait de temps en temps des guerres, des pestes, des famines, pour diminuer le nombre des habitants de la terre. Tu conviendras, au contraire, que la terre est loin d'être cultivée partout. Et, pour commencer par un des pays les plus avancés, la France, par exemple, tu reconnais qu'elle renferme encore bien des terrains vagues, des landes, des bruyères, dont on ne tire aucun parti. Tu sais que nos montagnes doivent être couvertes de bois et qu'elles ne le sont pas. Eh bien! que de bras pourraient être employés utilement à faire produire ces portions inutiles du pays. Au lieu de cela, qu'arrive-t-il? Tout le monde se porte sur les portions fertiles, et l'encombrement survient. Pour éviter cet encombrement, on se presse en foule dans les villes; on peuple surabondamment les ateliers de l'industrie et les magasins du commerce. On meurt de faim, tandis qu'une répartition plus intelligente des bras ferait prospérer l'agriculture et soulagerait en même temps l'industrie. Il y a donc partout ignorance des vrais intérêts de l'homme et surabondance de travailleurs dans certaines branches de l'industrie nationale, tandis que d'autres souffrent faute d'un nombre de bras suffisant.

LE PAYSAN. Que faire alors?

MAÎTRE PIERRE. Que faire? Confier à la commune ou à l'Etat, qui est ou deviendrait propriétaire des terrains incultes, le soin de les mettre en culture. L'Etat ou la commune intéresserait les travailleurs, comme tu intéresserais toi-même les tiens. Il ne prélèverait sur les bénéfices que l'intérêt des terrains qui lui appartiennent. Ces terrains, devenus productifs, rapporteraient beaucoup plus à ceux qui les mettraient en rapport, que ne rapporteraient les travaux dans les ateliers d'industrie. Dès-lors ceux-ci seraient désencombrés; dès-lors l'Etat n'aurait plus à payer de bras inoccupés, comme il fait aujourd'hui; dès-lors, enfin, il y aurait équilibre entre la population des villes et celle des campagnes, et cela sans violence aucune, sans autre mobile que l'intérêt de chacun à se porter là où il y aurait plus à gagner, car l'intérêt des hommes est ce qui les touche le plus vivement. Et aucune organisation ne sera plus parfaite que celle qui saura mettre en jeu l'intérêt même du plus grand nombre des citoyens.

LE PAYSAN. Ainsi, c'est l'agriculture qui est destinée à préparer l'organisation du travail, tandis que l'on paraît s'occuper surtout de l'industrie. L'agriculture, si dédaignée jusqu'à présent, va donc devenir la partie la plus importante des industries de la société.

MAÎTRE PIERRE. Sans doute. Mais il y a plus à faire encore, et l'agriculture doit recevoir d'autres perfectionnements. Ainsi, tu possèdes un champ, mais tu as aussi d'autres terres. Tu fais rapporter à ces terres des carêmages, de la vigne, du blé; tu en transformes aussi en prairies artificielles; en un mot, tu veux une culture variée, afin de t'affranchir, autant que possible, de la dépendance de tes voisins. Ceux ci, de leur côté, en font autant que toi. Il en résulte que souvent la culture des terres est forcée. On la choisit, non pas parce que la terre est plus propre à telle culture spéciale qu'à telle autre, mais parce que chacun veut avoir de tout. Tu vois combien chaque espèce de terrain doit perdre à ne pas recevoir la culture qui lui convient le mieux. D'où vient cela? De ce que chaque propriétaire veut être chez lui et produire de tout à ses risques et périls. Ne serait-il pas infiniment plus productif de ne demander à chaque espèce de sol que ce qui lui convient le mieux? Tu veux du blé et tu n'as que des terres propres aux vignes? Associe-toi, pour l'exploitation, avec ton voisin, qui a des terres à blé. Qu'un troisième, qui possède des prairies, s'associe également avec vous deux. Qu'un autre en fasse autant, lui qui n'a que des terrains boisés. Dès-lors vous possédez à vous tous plusieurs espèces de terrains, vous récoltez plusieurs espèces de produits, et vous y trouvez, en outre, cet avantage, que chacun de vous peut se livrer au genre de culture qui lui convient le mieux. Par suite, les produits sont plus abondants, parce que tous, soit propriétaires ou fermiers, soit ouvriers, choisissent le genre de travail qui leur convient de préférence; ou, ce qui est mieux encore, tous peuvent varier leurs travaux suivant les saisons, sans être obligés d'aller chercher ailleurs une occupation qu'ils trouvent dans l'association dont ils font partie. Suppose que tous les habitants d'une commune consentent à s'associer de la même manière, en formant, soit une seule société, soit plusieurs sociétés qui établiront entre elles des intérêts communs, dis-moi si l'exploitation n'en sera pas tout à la fois plus facile, plus agréable et plus avantageuse? Dis-moi si les habitants de la commune, tous également intéressés, ne veilleront pas aux produits avec plus de zèle, s'il y aura encore autant de procès qu'il y en a maintenant? Dis-moi si, dès-lors, vous ne formerez pas une société de frères, au lieu d'être, comme aujourd'hui, une foule de voisins rivaux, et souvent ennemis?

Le paysan. Oui, sans doute; mais, dans cette association, que devient notre propriété? Pourrons-nous la conserver, la laisser à nos enfants?

Maître Pierre. Belle question, en vérité! Est-ce que tu t'associes avec tes voisins avant d'avoir fait évaluer la contenance et la valeur de ta propriété? Est-ce que vous n'avez pas tous commencé par établir que votre propriété vous rapportera à chacun tant pour cent, c'est-à-dire autant au moins qu'elle vous rapportait d'ordinaire? Est-ce que votre propriété ne se trouve pas garantie par des titres authentiques, par les plans du cadastre, par son existence même sur le sol, d'où elle ne peut disparaître, par les bornes qui en indiqueront les limites sans gêner l'exploitation sociétaire? Et, quant au revenu, n'est-il pas garanti par le produit de l'ensemble des terres de la commune comprises dans l'association, et dont la valeur s'accroîtra annuellement, de telle sorte que vous n'ayiez rien à perdre? Est-ce que vos droits ne sont pas transmissibles par héritage à vos enfants? Vous n'avez donc rien à perdre, et, au contraire, vous avez tout à gagner. Ainsi vos terres, soumises d'un commun accord à une culture combinée et mieux entendue, rapporteront beaucoup plus qu'elles ne rapporteraient entre les mains de chacun, d'abord parce que vous leur donnerez le genre de culture qni leur convient le mieux, ensuite parce qu'étant cultivées par des ouvriers intéressés au produit, elles seront plus productives. Vous aurez donc, en premier lieu, le produit de vos terres, année moyenne; plus tant pour cent pour la plus-value ou l'amélioration que leur donnera la culture combinée; plus encore ce que vous rapportera à chacun votre travail, si vous y prenez part. Ce travail, tu le sais déjà, sera plus payé à celui qui aura pris plus de peine; il sera plus payé en-

core à celui qui aura déployé plus d'intelligence que les autres, à celui qui aura trouvé
de meilleurs procédés de culture ; car il est
juste que le talent de chacun ait sa récompense, tandis que, s'il en était autrement, si
l'on donnait à tous une part égale, le plus ca-
pable cesserait de se donner plus de peine,
puisqu'il ne devrait pas en retirer plus de profit. Voilà ce qu'on appelle l'*association combinée du capital*, c'est-à-dire de la terre, que tout
le monde ne possède pas, *du travail*, que tout
le monde peut accomplir, et *du talent*, que
tous ne possèdent pas également, mais dont
tous possèdent une part plus ou moins forte.

Tu vois que cette association est bien plus
parfaite que l'association ordinaire, dans laquelle plusieurs propriétaires se réunissent
pour exploiter, au plus bas prix possible, une
entreprise quelconque, soit agricole, soit industrielle ; ici, l'ouvrier n'est pas intéressé à
la prospérité de l'entreprise ; si elle réussit,
on lui paie le prix convenu ; si elle échoue,
on ne le paie souvent pas, et, lorsqu'il y a de
gros bénéfices à réaliser, ce sont les propriétaires seuls ou les actionnaires qui entrent en
partage, sans que l'ouvrier ait rien à redeman-
der, quelle que soit l'intelligence et l'activité
dont il aura fait preuve, et quoique son adresse
et son talent aient puissamment contribué au
succès de l'entreprise.

LE PAYSAN. Je ne nie pas les grands avantages de l'association combinée ; mais n'est-il

pas juste que ceux qui possèdent soient les seuls qui partagent les bénéfices, puisqu'enfin ils possèdent seuls la terre, les capitaux?

Maître Pierre. Tu vas voir que cela n'est pas aussi juste que tu le crois. Nous avons vu que la république avait reconnu le droit au travail, c'est-à-dire le droit de vivre. Elle ne pouvait faire autrement, car ce droit est aussi évident que le droit de respirer et de marcher. Il faut donc du travail à ceux qui ne possèdent pas. Leur en refuser, ce serait s'exposer à des révolutions incessantes et parfaitement légitimes; car, je te l'ai dit, la terre doit nourrir tous ses habitants, et c'est de son sein que l'on extrait tous les objets propres à satisfaire tous les besoins de l'homme.

Si les hommes réunis en société ont souffert que toute la terre fût possédée par une fraction de la population, c'est qu'ils ont voulu se partager la besogne : il a été sous-entendu que, pendant que les uns cultiveraient le sol au profit de tous, les autres travailleraient également pour tous, en construisant des maisons, en fabriquant des vêtements, des outils, en ouvrant des routes et des canaux, etc., etc. Ainsi, l'homme qui ne possède ni terre, ni capital d'aucune espèce, a cependant reçu de Dieu le droit de vivre, et, par cela même, il a droit à une part dans les productions du sol et de l'industrie. Mais comme il ne peut obtenir cette part qu'en travaillant, c'est-à-dire en faisant des choses utiles à ses semblables, il est évident que la société lui doit du travail, et ne peut le lui refuser sans commettre une injustice.

LE PAYSAN. Vous avez raison. Je comprends que chacun doit avoir sa place ici-bas, et qu'aucun homme n'a le droit de dire à un autre : « Tu es de trop dans ce monde. »

MAÎTRE PIERRE. Outre le droit au travail, il y a un autre droit que l'on ne peut méconnaître, *parce qu'il existe* : c'est celui de la capacité et du talent. Il faut donc quelque chose au talent. Ce quelque chose, on le lui donne en lui assignant, dans les bénéfices, une part que l'on ne peut donner à ceux qui ne font que travailler sans perfectionner. Voilà donc deux parts, celle du travail et celle du talent ; il doit nécessairement en exister une troisième, celle du capital, qui est ici la terre, et qui, dans les entreprises industrielles, consiste dans l'argent et dans les machines, de même que, dans l'agriculture, le capital doit être représenté à la fois et par la terre et par les instruments destinés à la mettre en culture. De ces trois parts, tout homme en état de travailler a le droit d'en revendiquer deux, car tout homme pouvant travailler a droit au travail, et c'est une loi de la nature que tout homme a une capacité plus ou moins prononcée, soit pour un genre de travail, soit pour un autre. Quant au capital, quelle que soit sa nature, ceux qui le possèdent ont le droit de le faire valoir comme ils l'entendent ; mais ils ne peuvent se refuser à le mettre en valeur quand il consiste en terre ; car la terre n'est pas un produit du travail humain : elle a été donnée par Dieu à tous les hommes, pour assurer leur subsistance.

LE PAYSAN. Celui qui possède a intérêt à ce que son capital ne reste pas improductif. Il le laissera donc mettre en valeur par tous ceux qui auront de l'intelligence ou des bras pour le faire valoir. Mais celui qui ne peut pas travailler, qui en aura soin? Sera-t-il, comme toujours, réduit à mendier ?

MAÎTRE PIERRE. Dans une société qui se respecte, nul ne doit être réduit à mendier. L'aumône est une chose qui dégrade l'homme, et, entre frères, on ne peut vouloir se dégrader. C'est donc la société qui doit pourvoir aux besoins des invalides, des infirmes et des vieillards, comme elle doit pourvoir aussi aux besoins des enfants qui sont pauvres. Secours donc aux invalides de tout genre, soit par l'âge, soit par les infirmités. Mais que ces secours soient donnés par la commune ou par l'Etat, et non par les particuliers. Que la mendicité disparaisse, et qu'elle disparaisse au nom de la nation. Que la nation donne du travail à tous ceux qui en ont besoin, et elle le pourra au moyen de l'association. Que la nation assure l'existence de tous ceux qui sont hors d'état de travailler. Je dirai plus : que la nation secoure encore ceux qui, par une dis- position fatale et en quelque sorte maladive à la paresse, se refuseraient à travailler; mais qu'on ne s'effraie pas, ils seront, ceux-là, en bien petit nombre, lorsqu'on aura orga- nisé toutes les branches d'industrie, et lors- que chaque citoyen, par suite de l'éducation publique et gratuite, sera amené à choisir celle de ces branches qui lui convient le mieux. Car, il ne faut pas le méconnaître, tout homme est apte à quelque chose, et s'il en est aujourd'hui qui ne veulent pas travail- ler, ce n'est pas le travail qu'ils refusent, mais bien la nature du travail qu'on veut leur imposer. S'ils avaient été libres de choi- sir, s'ils avaient reçu une éducation appro- priée à leurs facultés, il en est fort peu par- mi eux qui préféreraient vivre dans la mé- diocrité, alors qu'ils seraient à même de s'as- surer une existence agréable en choisissant librement leurs moyens d'existence.

Le paysan. Ainsi, maître Pierre, il y a des gens qui ne demandent pas l'abolition ou le partage de la propriété, mais qui reconnais- sent, au contraire, qu'elle doit être conser- vée. Vous êtes de ces gens-là, et moi aussi. Cependant, la propriété est exposée à des chances de ruine, par suite des pertes que peuvent occasionner les mauvaises années. Je reconnais donc avec vous qu'il y a avantage à s'associer, pour prévenir ces chances. Je re- connais aussi qu'il y a avantage à associer à la propriété, ou plutôt à son exploitation, ce qui, en définitive, est la même chose, ceux qui ne possèdent pas, parce qu'alors ils donnent leur travail et leur intelligence, et que la propriété se trouve améliorée. Je trouve, en outre, qu'il est juste de le faire, parce que tout le monde n'ayant pas part à la propriété, tout le monde a le droit de vivre. Puisque tout le monde a le droit de vivre, il faut bien protéger les invalides, les vieillards et les enfants. C'est alors que nous vivrons en frères ; mais il faut en excepter ceux qui ne voudront pas travailler. Ceux-là sont les ennemis de la société, et je trouve que la société ne doit rien faire pour eux.

Maître Pierre. Mais si l'on ne fait rien pour eux, on les laissera exposés (car il faut qu'ils vivent) à la tentation de voler. Or, si l'on veut voir disparaître le vol, il faut non pas seulement punir les voleurs, ce qui ne les empêche pas de recommencer, mais les mettre dans l'impossibilité de voler. Pour cela, offrons-leur des travaux qui leur plaisent, et il y aura toujours, comme nous l'avons vu, moyen de le faire. De plus, en offrant des récompenses à ceux qui se distinguent le plus dans le travail, on arrivera pour sûr à stimuler l'amour-propre de tous les hommes, car tous les hommes ont de l'amour-propre. Quant au vol, il disparaîtra de la société, de même que les autres crimes, quand tout citoyen aura les moyens de rendre sa position supportable, quand il aura accès à tous les genres de travaux, suivant son talent et son aptitude; et quand il aura pu, dès l'enfance, se choisir les professions qui conviennent le mieux à sa nature et à son caractère: car j'admets que le même homme puisse avoir plusieurs professions. Je te démontrerai cela un autre jour. Qu'il te suffise aujourd'hui de savoir que les trois mots qui sont le programme de la République, *liberté*, *égalité*, *fraternité*, peuvent être l'expression la plus parfaite d'un état social bien entendu. Cela arrivera sans aucun doute lorsque tous les citoyens auront la *liberté* de choisir à leur gré leur profession; lorsque tous auront l'*égalité* de droits, c'est-à-dire qu'ils pourront arriver, suivant leur mérite, à toutes les positions élevées de la société. C'est alors que régnera parmi les hommes la véritable *fraternité*, qui ne peut exister tant que les intérêts seront opposés, tant que les maîtres ne s'associeront pas avec leurs ouvriers, tant qu'il y aura des hommes condamnés à la misère, enfin, tant que l'on sera exposé aux banqueroutes et aux chances de ruine de toute nature. Joignons-nous donc à la République pour l'aider à réaliser son programme, qui ne sera parfait que lorsque nous serons tous heureux, c'est-à-dire tous à l'abri du besoin et de la misère.

LE PAYSAN. Maître, vous venez de prononcer ces derniers mots du ton d'un homme qui veut finir la conversation. Est-ce donc tout ce que vous pouvez me dire aujourd'hui? J'aurais cependant bien des choses encore à vous demander, et bien des éclaircissements à recevoir de vous.

Maître Pierre. C'est justement parce qu'il te semble que tu as beaucoup de questions à m'adresser sur ce que nous venons de dire, que je préfère reprendre un autre jour notre entretien; vois-tu, ce n'est pas ce qu'on mange qui profite, mais seulement ce qu'on digère : ce n'est pas ce qu'on lit ou ce que l'on entend dire qui profite, mais seulement ce à quoi on a pris le temps de réfléchir; quand donc tu auras digéré les choses dont nous avons parlé tout-à-l'heure, tu auras bien moins d'objections à me faire, sans compter que tu seras mieux disposé à écouter ce qu'il me reste à t'apprendre. Cependant, puisque tu montres tant de bonne volonté, je vais répondre, par avance, à la réflexion qui pourrait le plus t'embarrasser; la voici : En supposant que tu restes d'accord avec moi sur tout ce qui a fait le sujet de notre conversation, tu auras bien de la peine à croire que les agriculteurs, les paysans, consentent à changer quoi que ce soit, même la plus petite chose, à leur manière d'être et de cultiver, tant qu'ils ne seront pas, pour ainsi dire, matériellement sûrs qu'ils ont tout à gagner à ce changement. Tu ne vois pas comment on pourra les amener à cette certitude, toi qui les connais assez pour savoir qu'on ne leur fera rien tenter de nouveau sur la foi d'un simple raisonnement, quelque beau d'ailleurs que soit ce raisonnement.

LE PAYSAN. Vous avez deviné, maître; c'est cela même.

MAÎTRE PIERRE. Aussi j'ai compté sur une autre éloquence pour les convaincre : je veux parler de l'éloquence de l'exemple et de l'expérience. Quand ils auront vu, et, toi-même, quand tu auras vu tes voisins s'enrichir et être plus heureux en s'arrangeant d'une certaine façon, n'est-il pas vrai que vous voudrez être comme les voisins? Eh bien ! les voisins ce seront, ou les grands propriétaires du sol, qui appelleront leurs fermiers à cultiver leurs terres par association, et qui les admettront au partage des bénéfices; ou, mieux encore, ce sera, comme je te l'ai déjà laissé entrevoir, l'Etat qui fera cette expérience, en fondant de grandes fermes sociétaires pour défricher les terrains incultes. Dans ces fermes, on pourra disposer les édifices de manière à réaliser, là aussi, de beaux bénéfices. Mais je te parlerai de cela à notre prochaine rencontre, car, décidément, je te quitte pour aujourd'hui. — Encore un mot avant de nous séparer, ce sera le dernier : Il existe un journal qui, plus que tout autre, traite depuis longtemps toutes les questions d'organisation sociale: c'est la *Démocratie Pacifique;* tu trouveras toujours là quelques bonnes choses à ton adresse. Consultes-la en mon absence.

Tiens, je vais te laisser le numéro de ce journal du 6 mars dernier ; c'est le seul numéro que j'aie encore. Lis l'article de tête, qui te concerne. Allons ! adieu et bon espoir.

LE PAYSAN. Au revoir, maître, et merci. Je vais lire à loisir ce que vous me laissez.

Organisez le Travail.

Trois idées, dont nous avons toujours été les représentants et les propagateurs, sont maintenant à l'ordre du jour.

Il faut organiser le travail.

Il faut organiser le travail par l'association.

Cette association, qui doit régénérer le travail agricole, manufacturier, commercial, l'enseignement, les arts, doit être expérimentée d'abord dans les limites de la commune.

Démontrer ces principes, les faire prévaloir par la discussion serait inutile ; la voix du peuple a prononcé. Tous les esprits sont ralliés maintenant à cette formule : Organisation du travail, par l'association, dans la commune. Notre tâche n'est plus de défendre ces idées, mais de montrer par quelle voie, par quels procédés transitoires elles pourront passer dans les faits.

Fondation d'un Ministère du Progrès.

L'idée d'association est inséparable de l'idée de liberté. L'association communale ne peut pas être imposée par la loi. Elle doit conquérir le pays par la propagande de l'exemple. Quand on aura constitué un ministère du progrès social, comme nous le demandons, comme les ouvriers le demandent, la tâche de ce ministère sera de réaliser des expériences locales d'association agricole et industrielle. Nous savons que, dans l'accomplissement de cette mission, il sera secondé par des offrandes et par des dévouements plus spontanés et plus généraux qu'on ne le pense.

Organiser progressivement des communes modèles, des communes associées, en consultant, non pas telle école socialiste exclusive, mais tous les hommes que la République ne prend pas au dépourvu et dont les méditations se sont toujours portées vers les questions économiques et sociales, ce sera le rôle du ministère du progrès ; il choisira pour champ d'épreuve des terrains fertiles, où la colonie sociétaire s'introduira pas essaims, où la rénovation sociale sera complète, mais sage, patiente, graduée.

En attendant le résultat infaillible de ces expériences, la législation doit agir d'une manière générale sur le pays, afin d'améliorer l'ensemble de nos institutions dans le sens de la liberté, de la fraternité, de l'association.

Mesures préparatoires.

Le Gouvernement courtier du travail.

Avant d'améliorer les conditions du travail, il est essentiel de donner du travail à tout le monde dans les conditions actuelles. Le Gouvernement peut faire beaucoup à cet égard par la publicité seule. C'est à lui qu'appartient le courtage industriel ; il faut qu'il se substitue à tous ces bureaux de placement où l'on exploite l'homme de peine. Nous avons déjà demandé la publication, dans toutes les mairies, d'un tableau indiquant les entreprises agricoles, industrielles, les boutiques, les maisons d'éducation, les bureaux administratifs, etc., qui réclament des travailleurs de tout âge et de tout sexe. Ce tableau, intitulé : *Distribution du travail*, deviendrait une institution permanente. Ses indications seraient modifiées suivant les besoins de l'industrie.

Le Gouvernement propriétaire des voies de communication et du roulage.

Le courtage du travail par les mairies est un moyen d'éclairer les travailleurs, de les diriger sur les points où l'ouvrage manque. Ce n'est pas tout : il faut éclairer les chefs d'industrie, les mettre au courant du mouvement industriel et commercial, leur annoncer les débouchés qu'ils peuvent rencontrer, la concurrence qui leur est faite. L'ignorance sur tous ces points, et, ce qui est pis encore, les nouvelles fabriquées dans un intérêt de bourse, telles sont les causes principales de l'agiotage, de l'accaparement, des monopoles et banqueroutes, de la concurrence anarchique, et ruineuse pour l'Etat comme pour les particuliers.

L'Etat doit éclairer l'industrie et le commerce. Il faut pour cela que toute la circulation industrielle passe par ses mains. Point de routes, point de canaux, point de chemins de fer en dehors de l'Etat, point de messageries, point de roulage, si ce n'est par lui, sous sa surveillance.

Instruit ainsi de toutes les opérations commerciales, le gouvernement publierait un *Moniteur officiel de l'agriculture, de l'industrie et du commerce*, indiquant tous les marchés importants, et renseignant exactement la France entière sur la circulation de toutes les denrées.

L'association partout.

Chefs d'exploitations agricoles, d'ateliers, de magasins, associez, autant que possible, vos ouvriers à vos bénéfices. L'association du capital, du travail et du talent ne peut être complète et définitive que dans la commune sociétaire, dont la réalisation est l'œuvre spéciale du ministère du progrès. Nous savons quelles difficultés s'opposent à l'application immédiate, universelle, de cette formule; mais elle consacre un principe d'équité qui demande à passer progressivement dans les faits. Associez d'abord les ouvriers les plus habiles, ceux qui forment le noyau des entreprises, ce corps d'armée qu'on ne licencie jamais; faites entrevoir aux autres, comme récompense du zèle, le passage de l'état de salarié à celui de sociétaire.

Agriculteurs, spécialement, usez de l'association pour vous-mêmes, en formant des sociétés dans la commune, puis dans le département. Associez-vous pour l'application des procédés agricoles perfectionnés.

Administrateurs des communes, c'est en faisant l'épreuve de l'association intégrale par la création de plusieurs communes modèles que le ministère du progrès va régénérer le pays; vous pouvez le seconder en marchant graduellement au même but. Proposez l'association aux riches habitants de la commune ; qu'ils se cotisent pour fonder partout la crèche, la salle d'asile, la boulangerie et la boucherie communales, et surtout l'approvisionnement en grains. Constituez par actions le comptoir communal, entrepôt destiné à la conservation, au placement des denrées agricoles; le comptoir communal, banque des cultivateurs, association pour l'achat des denrées au centre même de fabrication.

L'Agriculture vivifiée.

Nous avons proposé jusqu'ici des mesures organiques, les unes à décréter, les autres à réaliser par la nation même usant du droit d'association. Ces mesures éclairent le travail et concourent à fonder la solidarité sociale; mais elles n'augmentent pas la quantité de la richesse en circulation. Cette partie du problème est cependant la plus importante.

Il faut à la France de nouvelles ressources, une création considérable de produits. Cette création peut seule assurer le bien-être à tous les déshérités, sans spoliation de ceux qui possèdent.

Le Gouvernement provisoire agit aujourd'hui sous la pression des travailleurs; ils demandent et obtiennent la diminution des heures de travail, l'augmentation des salaires; ces demandes sont justes au fond, car nos frères ne sont pas nés pour des fatigues abrutissantes et pour la misère. Cependant, avec l'amélioration matérielle du sort des travailleurs, il est urgent de faire concourir l'augmentation du capital national; autrement, on tarirait promptement les sources de toutes les industries.

Il n'existe qu'un seul moyen d'augmenter le capital national : c'est de vivifier l'agriculture.

L'ancien gouvernement n'avait pas compris cette nécessité ; il célébrait l'agriculture en vaines paroles, et ne protégeait efficacement que les agioteurs. Il faut à l'agriculture un ministère spécial et des fonds importants. C'est vers l'agriculture que doit se porter aujourd'hui l'effort national.

Que, dans chaque département, les propriétaires, administrateurs municipaux et ingénieurs des ponts-et-chaussées fassent parvenir à la Préfecture un état des travaux de terrassement et d'agriculture à exécuter immédiatement et se rapportant aux catégories suivantes :

> Construction ou réparation de ponts-et-chaussées ;
> Endiguement des rivières ;
> Irrigation méthodique ;
> Landes à défricher ;
> Marais à dessécher ;
> Reboisement des montagnes.

Qu'à Paris le conseil des ponts-et-chaussées, joint à celui des mines, au conseil-général d'agriculture, à la direction des eaux et forêts, examinent les projets déposés dans leurs cartons et jettent les bases d'un système de reboisement et d'irrigation unitaires.

Conformément aux indications qu'elle aura reçues, chaque préfecture demandera des colonnes mobiles de travailleurs ; il en faudra pour entamer l'exécution du plan général conçu à Paris.

Par cette application de colonnes mobiles à

l'amélioration de notre sol, on arriverait à mettre en valeur des collines dénudées, des marais insalubres, des landes arides, à prévenir des inondations désastreuses, à répandre la fertilité dans nos campagnes avec les bras artificiels des rivières : ce serait augmenter puissamment le capital de la France.

Ressources Financières.

Toutefois, les mesures que nous proposons, même les dernières, n'auraient pas de résultat immédiat comme création de produits; le gouvernement a besoin de fonds pour traverser une crise.

Qu'il réduise immédiatement tous les traitements élevés ;

Qu'il compte sur les produits du roulage et de la circulation monopolisés ;

Qu'il établisse sur les fortunes un impôt progressif ;

Qu'il demande aux communes et aux propriétaires réclamant des colonnes mobiles un versement destiné, partie à augmenter la journée du travailleur embrigadé, partie à subvenir aux charges publiques ;

Enfin, que le Gouvernement compte avant tout et par dessus tout sur le dévouement général. Sous Moïse, les Juifs se dépouillèrent pour la construction du tabernacle; en 1848, les Français ne seront pas moins généreux. Quand le Gouvernement nous dira : J'ai des embarras, je réclame une contribution volontaire, il n'est pas un Français digne de ce nom qui refuse de se réduire au nécessaire pour venir au secours de la patrie. Ce n'est plus par des enrôlements, comme en 1792, c'est par des offrandes larges et spontanées que nous montrerons tous notre amour à la République. Nous n'avons plus à faire avec du courage une campagne contre l'Europe conjurée ; il nous faut faire avec du désintéressement une campagne contre la misère des masses. — Que la misère soit anéantie !

FIN.

LA
DÉMOCRATIE PACIFIQUE,

JOURNAL QUOTIDIEN,

publiant, le dimanche, des numéros doubles auxquels on peut s'abonner séparément.

Les prix d'abonnement sont ainsi réduits :

	1 an.	6 mois.	3 mois.	1 mois.
Pour le journal quotidien : Paris.	24f	12f	6f	2f
— Départements et étranger.	32	16	8	3
— Pays à surtaxe de poste. .	50	25	13	7

	1 an.	6 mois.	3 mois.	
Pour le numéro de huitaine : Paris.	8f	4f	2f	»c
— Départements et étranger.	10	5	2	50
— Pays à surtaxe de poste. .	14	7	4	»

On s'abonne à Paris, rue de Beaune, 2, au bureau du journal ; — en province, chez les libraires et les directeurs des postes et des messageries.

On peut aussi adresser franco, au gérant, un mandat sur la poste ou à vue sur Paris.

Ce journal doit être lu par toutes les personnes qui tiennent à avoir une idée bien nette et bien complète du mouvement qui emporte depuis quelque temps toute la société européenne. Depuis dix-sept ans que les rédacteurs de la *Démocratie* se sont imposé la rude mais glorieuse tâche de faire pénétrer l'idée sociale dans les intelligences et dans les cœurs, on les a vus non-seulement expliquer avec une haute clarté et un sens supérieur tous les faits importants de la politique,

du commerce ou de l'industrie, mais encore, au moyen
de leur science, annoncer à l'avance la plupart de ces
faits. Maintenant tout le monde devient socialiste, depuis que la Révolution de Février a fait de la question
de l'organisation du travail une question vitale et d'ur-
gence. La *Démocratie Pacifique* a seule une habitude
assez grande de ces sortes d'études et un assez vaste
foyer de lumière dans la science qu'elle propage, pour
être un guide fidèle et sûr à tous les hommes de bonne
volonté qui voudront suivre avec connaissance de
cause les discussions qui seront infailliblement soule-
vées au sein de l'Assemblée constituante, à propos de
ces questions. — Ce journal convient surtout aux
hommes qui savent unir à un grand respect des intérêts
du peuple le respect des intérêts légitimes de toutes les
classes de la société.

PRÉCIS

DE L'ORGANISATION DU TRAVAIL

ABRÉGÉ DU LIVRE

de Mathieu Briancourt

Prix : 30 c.; — 12 exemplaires 2 fr. 50 c.